F.E.R.T.
F.E.R.T.
F.E.R.T.
F.E.R.T.
F.E.R.T.
F.E.R.T.

ORAISON FUNÈBRE

DE S. G.

MONSEIGNEUR ANDRÉ CHARVAZ

ARCHEVÊQUE DE GÊNES.

ORAISON FUNÈBRE

DE S. G. MONSEIGNEUR

ANDRÉ CHARVAZ

PRONONCÉE

DANS L'ÉGLISE CATHÉDRALE DE MOUTIERS

LE XXVI NOVEMBRE MDCCCLXX

PAR

M. L'ABBÉ F. MILLION

Chanoine honoraire de Tarentaise.

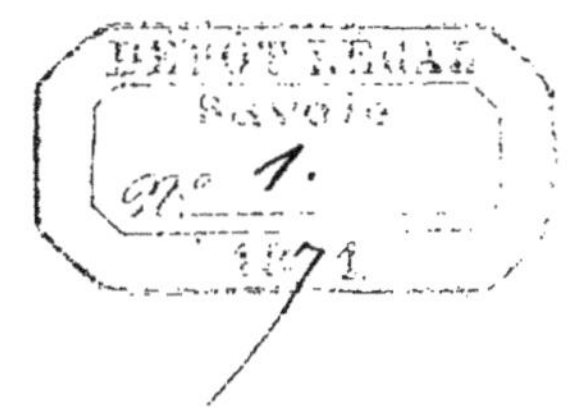

MOUTIERS

IMPRIMERIE MARC CANE ET J. CRUD

1870

1871

Monseigneur (1),

Telles sont les paroles par lesquelles l'Apôtre résumait sa vie entière; tels sont les sentiments qu'il laissait échapper de son cœur au moment où il croyait toucher à la fin de sa carrière. *Tempus resolutionis meœ instat* (2). Se sentant consumer comme la victime qu'on immole sur l'autel, *Ego enim jam delibor* (3), il goûtait une joie intime voilée sous une ombre de tristesse, et, jetant un regard scrutateur sur ses jours écoulés, il s'écriait : J'ai combattu vaillamment, j'ai supporté avec courage des travaux incessants, des épreuves toujours renaissantes, des persécutions sans nombre et des afflictions de tout genre, pour vaincre l'infidélité des peuples et leur prêcher la foi de Jésus-Christ; enfin, mon but est atteint, et cette foi sainte s'annonce dans le monde entier. *Fides vestra annuntiatur in universo mundo* (1). Maintenant, j'ai terminé ma course; mes pas ont parcouru les routes de l'Orient et de l'Occident, ma bouche a fait retentir la bonne nouvelle, j'ai rempli ma mission, j'ai atteint le terme désiré. *Cursum consummavi.* Et, dans ce combat si rude, dans cette longue et pénible course, j'ai soutenu mon courage, et la fidélité ne m'a jamais fait défaut. *Fidem servavi.* Je n'ai donc plus qu'à attendre la couronne promise aux travaux apostoliques. *In reliquo reposita est mihi corona justitiæ.* C'est ainsi que saint Paul, résumant les épreuves de sa vie, jetait son regard sur les peines et les angoisses de sa course achevée, pour le plonger ensuite, confiant et ferme, par delà les horizons de l'éternité où il n'apercevait plus devant lui que la couronne éternelle des vainqueurs.

Cependant, l'Apôtre blanchi dans les durs labeurs embrassés pour le nom de Jésus-Christ, devait voir ses jours se prolonger encore. Dieu voulait qu'il descendît une dernière fois dans l'arène, avant d'atteindre son immortelle couronne. Au moment de partir pour aller à la rencontre des chaînes et du sanglant supplice que l'Esprit de Dieu lui avait annoncés, il ouvrit son cœur aux fidèles qu'il avait évangélisés ; j'ai la certitude, leur dit-il, que vous ne me verrez plus ; *Et nunc ecce ego scio quia amplius non videbitis faciem meam vos omnes, per quos transivi prædicans regnum Dei* (5). Les disciples, à ce triste et dernier adieu, éclatèrent en sanglots ; ils entourèrent Paul, l'embrassèrent en arrosant de leurs larmes ce visage qu'ils ne devaient plus revoir. *Magnus autem fletus factus est omnium; et procumbentes super collum Pauli, osculabantur eum* (6).

Mais pourquoi, Chrétiens, en face d'un sépulcre récemment fermé (7) et à l'occasion de cette cérémonie funèbre, vous ai-je rappelé l'Apôtre des nations près d'achever sa carrière mortelle? C'est qu'il est facile de saisir des traits admirables de ressemblance entre les grands évêques de l'Eglise catholique et les Apôtres ; c'est que la vie et la mort du prélat illustre que nous pleurons, trouvent dans les paroles de saint Paul une expression qui les résume, et viennent comme s'encadrer dans ce texte : *Bonum certamen certavi, cursum consummavi, fidem servavi; in reliquo reposita est mihi corona justitiæ.* Ah ! Mes Frères, quand Pie IX a rendu à sa patrie et à notre affection ce saint et aimable vieillard (8), brisé par les travaux et les souffrances encore plus que par les années, ne vous semblait-il pas entendre tomber de ses lèvres ces paroles qui résument les grandes et glorieuses vies : J'ai combattu le bon combat, j'ai achevé ma course, j'ai servi fidèlement mon Maître, je n'ai plus qu'à attendre la couronne des justes, la palme des vainqueurs? Aujourd'hui nous avons la douce confiance qu'il porte dans sa main ce symbole de la victoire, et que le diadème des élus brille déjà sur sa tête vénérée.

Il n'y a que quelques semaines, quand l'ange de la mort venait lui annoncer sa délivrance et briser les liens fragiles qui le retenaient encore sur la terre, ne crûtes-vous pas ouïr ce triste adieu : Vous ne me verrez plus! *Amplius non videbitis faciem meam vos omnes.* Ah! comme il a retenti ce douloureux adieu, aux oreilles de tant d'amis qui l'ont pleuré, dans ce diocèse de Tarentaise qui l'a donné à l'Eglise, dans celui de Chambéry où il avait passé les premières années de son sacerdoce, dans ceux de Pignerol et de Gênes où il a consumé le reste de ses forces! Ah! Vous tous qui l'avez connu et aimé, rois et princes, évêques d'Italie et de France, prêtres et laïques, parents et serviteurs, donnez un libre cours à votre douleur, car vous ne le verrez jamais plus dans cette vallée de larmes!

En ce temps de sombre tristesse, en ces jours de deuil pour l'Eglise et la patrie; pour l'Eglise, qui voit de nouveau son chef et son père retenu captif au Vatican : *Petrus quidem servabatur in carcere* (9); pour la patrie que foulent les victorieuses légions d'un cruel ennemi; en ce temps de sombre tristesse, où les nations frémissent et les peuples méditent de vains projets : *Fremuerunt gentes et populi meditati sunt inania* (10); où les sujets sont pris de vertige et les trônes penchent vers leur ruine : *Conturbatœ sunt gentes et inclinata sunt regna* (**11**) ; en ces temps, dis-je, pourquoi faut-il qu'un deuil amer vienne encore attrister nos âmes, peser sur nos cœurs assombris et nous demander de nouvelles larmes ?

Et encore, Mes Frères, pourquoi faut-il qu'il incombe à ma faiblesse de renouveler votre douleur, en faisant l'éloge d'un grand évêque dont les vertus et les œuvres trouvent ici autant de justes appréciateurs qu'il y a d'auditeurs ? *Utinam id vobis alius loqueretur* (**12**). Mais puisqu'il ne m'a pas été possible de décliner cette redoutable bien qu'honorable mission, qu'eussent remplie avec tant de talent des hommes éminents des diocèses de Pignerol et de Gênes, je prêterai une voix, sinon éloquente, du moins sincère et convaincue à cette pompe funèbre, et j'accomplirai ma douloureuse tâche, en consacrant ce discours à la mémoire d'Illustrissime et Révérendissime Père en Dieu, Monseigneur André Charvaz, ancien précepteur des princes de Savoie, ancien évêque de Pignerol et archevêque de Gênes.

Que je serais heureux si mon langage pouvait monter à la hauteur de mon sujet, et n'être pas trop inférieur au splendide hommage que cette ville rendit naguère au prélat vénéré que le ciel nous a ravi ! Quel admirable spectacle que celui de la population de cette cité, attestant par sa présence empressée, par son attitude triste et recueillie, la grandeur de la perte qui venait de la frapper ! Le cortége nombreux et choisi qui accompagnait le long de nos rues la dépouille mortelle, et la foule compacte qui s'était donnée rendez-vous sur le passage du convoi, pour faire au défunt ses derniers adieux, témoignèrent plus éloquemment que par des paroles, la part que tous prirent à ce deuil. Mais si cette démonstration est le plus touchant éloge du pontife que l'Eglise a perdu, elle honore aussi singulièrement la population qui l'a faite. Oui, habitants de Moûtiers, les sentiments que vous avez manifestés, à l'occasion de la mort et des funérailles de Monseigneur Charvaz, disent bien haut que vous saviez apprécier son mérite éminent et ses bienfaits ; ils attestent que vous étiez dignes de le posséder.

Ce fut à Hautecour que, le **25** décembre **1793**, naquit d'agriculteurs honnêtes et très-religieux, un enfant qui, sur les fonts sacrés, reçut le nom d'André. Malgré les défaillances et les tristes préoccupations de cette époque à jamais flétrie par l'histoire, son père, homme fort judicieux, ne manqua pas de soi- , gner sa première éducation, et sa mère lui inspira dès le berceau, les sentiments d'une douce et tendre piété. *Mater satagebat in ipso initio viarum suarum, notas parvulo facere vias vitæ* (**13**). A l'école, il montra des talents précoces et une pénétration d'esprit qui le fit distinguer de tous les enfants de son âge. *In scholis litteras, domi timorem Domini docebatur, et quotidianis profectibus respondebat ambobus satis, magistro et matri* (**14**). Confié ensuite aux soins du vénérable curé de sa paroisse (**15**), l'un des membres

les plus honorables de notre ancien clergé qui
comptait tant d'hommes distingués, il suivit le cours
élémentaire du latin, puis les classes de littérature
qu'il avait achevées à quinze ans, quand il se rendit
au collége de cette ville, pour y étudier la philosophie. L'amabilité de sa personne, l'aménité de son
caractère, son application et sa facilité pour l'étude,
lui gagnèrent le cœur de ses professeurs et de ses
condisciples, *Agebat senem moribus, annis puer.....
Non impatiens magisterii, non fugitans disciplinæ,
non lectionis fastidiens, non ludorum appetens* (16).
Aussi ses maîtres voulurent couronner ses succès,
en lui faisant soutenir une thèse publique en
présence de l'élite de cette cité et des autorités de
cette province. Cette épreuve subie avec un talent
supérieur, fit savoir à tous, que le jeune philosophe
fournirait une brillante carrière. Pieux dès son
enfance, il n'avait pas moins fait de progrès dans la
vertu que dans la science. *Adolescentiam simili
transivit simplicitate et puritate : nisi quod crescente
ætate crescebat simul illi sapientia et gratia apud
Deum et homines* (17).

A cette époque, Dieu appelait de nombreuses
recrues, pour combler les vides désastreux que la
Révolution avait faits dans les rangs du sanctuaire. Le
jeune André fut l'un des élus de la Providence, et
s'en alla commencer ses études théologiques au Séminaire de Chambéry. Alors, cet établissement
unique en Savoie, réunissait de nombreux sujets et
de beaux talents; on eût pu le décorer du titre glo-

rieux qu'on donna justement plus tard au Chapitre de Chambéry, en l'appelant une pépinière d'évêques (18). Parmi les jeunes et riches intelligences qu'il possédait, l'abbé Charvaz occupa toujours le premier rang. Il avait achevé ses cours de théologie avant d'avoir atteint sa vingtième année. Cet âge ne permettant pas à son évêque de lui conférer les ordres sacrés, il fut envoyé au collége de Moûtiers pour y enseigner la rhétorique. De là, ayant obtenu au concours une place gratuite au collége des Provinces, il prit à Turin le doctorat en théologie avec la plus rare distinction, et revint au Séminaire de Chambéry se préparer aux saints ordres. Parvenu au sacerdoce, il débuta dans le saint ministère comme vicaire de Beaufort. Là son zèle et son amabilité lui conquirent, dès les premiers jours, l'estime et l'affection de son curé et de ses paroissiens, et malgré la briéveté de son stage en cette paroisse, son souvenir s'y retrouve encore vivant aujourd'hui.

Rappelé à Moûtiers pour y occuper la chaire de dogme au collége, il y fut accueilli avec bonheur et y retrouva des cœurs qui l'aimaient. Le zèle ardent du jeune professeur ne le laissa pas se confiner dans sa classe, mais lui faisait céder volontiers au désir de beaucoup d'âmes qui recouraient à son ministère. Il vacquait aussi à la prédication, et pendant le carême, il prêcha, dans l'église de Sainte-Marie, des conférences sur les fondements de la foi qui furent très-suivies et fort goûtées. Son élocution facile, nette en même temps qu'élégante, jointe à un cœur bon et fortement convaincu, lui gagna bien des âmes et produisit d'heureux fruits de salut.

Cependant son attrait pour la conduite des âmes le fit descendre de sa chaire de théologie. Devenu curé de la paroisse de Villette, il s'occupa de l'instruction de ses paroissiens avec des soins qui obtinrent le plus consolant succès. Mais il ne manquait pas de réserver pour l'étude, les heures que cette petite paroisse ne lui dérobait pas. Doué d'un vif attrait et d'un goût exquis pour la restauration des monuments que l'orage révolutionnaire avait renversés, il fut, sinon le restaurateur unique, du moins le coacquéreur et le bienfaiteur du Mont-Sainte-Anne, jadis célèbre par son antique ermitage (19).

L'abbé Charvaz avait une idée si grande de la sublimité du ministère ecclésiastique, qu'il ne croyait jamais être assez digne de sa sainte vocation. C'est le propre des âmes grandes et fortes de se laisser facilement entraîner par les aspirations généreuses et de viser sans cesse à l'idéal parfait. En quittant Villette, il se rendit à Paris avec un de ses amis (20) et y passa quelque temps dans une maison religieuse, pour s'y retremper dans la ferveur de son sacerdoce. Tandis qu'il s'était enseveli dans la retraite, il ne put empêcher que ses talents et son mérite ne le fissent connaître et apprécier dans la grande capitale. Monseigneur de Quélen lui offrit un emploi honorable, et M. Burnier-Fontanel, président de la Sorbonne, lui proposa la place de suppléant de théologie, avec l'assurance qu'il deviendrait bientôt professeur titulaire. La brillante carrière qui s'ouvrait devant lui ne tenta pas le théologien savoyard, il aimait trop sa patrie pour ne pas lui réserver tous les travaux de sa vie. Cependant il consulta Monseigneur de Solle, archevêque de Chambéry, qui, bien résolu à ne pas priver la Savoie d'un sujet aussi distingué, le rappela et le plaça comme professeur de théologie dans son Séminaire. Son successeur, Monseigneur Bigex, le voulant plus près de lui, le choisit pour son secrétaire. Habile administrateur et théologien éminent, Monseigneur Bigex avait la plus haute estime pour l'abbé Charvaz, et lui donna une preuve éclatante de sa confiance en le nommant chanoine honoraire de la métropole et ensuite vicaire général du diocèse. M. Charvaz s'occupait, à la satisfaction de tous, de l'administration diocésaine, quand une circonstance vint de nouveau changer sa position.

Charles-Albert, alors prince héréditaire, désirait donner à ses enfants, les ducs de Savoie et de Gênes, un précepteur choisi dans le clergé de Savoie. On lui signala le jeune grand vicaire de Chambéry comme digne de cet emploi aussi délicat qu'élevé, et l'archevêque s'en désaisit en faveur du prince et de l'œuvre qu'il voulait lui confier. Le nouveau précepteur remplit pendant huit ans sa haute mission, avec un talent et un succès qui lui méritèrent, pour toujours, l'affection et l'estime des princes et du roi leur père. Cependant la Providence ne permit pas qu'il achevât l'éducation de ses royaux élèves. Par l'effet de ces passions jalouses qui agitent sourdement les cours, par suite aussi du choix d'un gouverneur des princes qui, sans s'en douter et sans pouvoir le comprendre, contrariait l'éducation qu'on donnait au deux ducs, l'abbé Charvaz résolut de renoncer à sa position (21). Pensant que l'influence qu'on cherchait à lui enlever était indispensable au succès de son œuvre, il déclara qu'il préférait quitter la cour plutôt que d'y continuer un emploi soumis à des entraves intolérables. Si Charles-Albert faiblit en cette circonstance, il ne retira point son estime et sa confiance au précepteur de ses enfants ; il le nomma à l'évêché de Pignerol et se reposa sur lui pour le choix de son successeur (22). Il insista même pour que Monseigneur Charvaz voulut bien continuer aux princes quelques unes de ses leçons par écrit ou verbalement, l'invitant à revenir souvent à la cour. Monseigneur n'y consentit pas ; il se devait tout entier à son diocèse ; les princes en grandissant réclamaient des soins plus assidus et l'ancien précepteur ne voulait pas porter la responsabilité d'un état de choses qui aurait nécessairement amené une lacune dans l'éducation des fils du roi. D'ailleurs, il avait tracé un magnifique plan d'éducation pour les jeunes ducs ; Charles-Albert l'avait approuvé, mais les idées du gouverneur n'avaient jamais permis qu'il fut mis à exécution (23).

Le siége de Pignerol devenu vacant par la translation de Monseigneur Rey à l'évêché d'Annecy, réclamait un pasteur à la fois affable et ferme, doux et zélé, prudent et en même temps habile dans la polémique religieuse. Depuis des siècles il y a des Vaudois dans les vallées de Pignerol, et Charles-Albert qui avait conçu l'espoir de les ramener à la foi de l'Eglise, comptait, pour faciliter leur retour, sur le caractère et les vertus de Monseigneur Charvaz. Le nouvel évêque fut sacré à Chambéry et se rendit au milieu de son troupeau. L'estime et l'affection de tous ceux qui l'avaient connu en Savoie, à la cour et à Turin, le suivirent à Pignerol où la brillante réputation que ses talents lui avaient faite l'avait déjà précédé.

Accueilli avec les plus vives manifestations de joie et de bonheur, il ne tarda pas à s'attacher tous les cœurs par la sagesse de son administration. Il distribuait avec profusion le pain de la divine parole dans sa cathédrale, dans ses visites pastorales, dans les clôtures de missions, dans les monastères. Sa main répandait d'abondantes aumônes dans le sein des pauvres et des Vaudois convertis. Il présidait régulièrement les conférences ecclésiastiques dans son palais; il donna une puissante impulsion aux œuvres diocésaines qu'il trouva établies, tandis qu'il fondait celles que réclamaient les besoins du temps.

Désireux de régénérer le clergé dans sa source même, le zélé prélat prolongea les années d'études et d'épreuves du grand-séminaire; il soumit les jeunes prêtres à des examens annuels qu'il présidait en personne. Il réorganisa le petit-séminaire, le pourvut de professeurs habiles et en fit un des colléges les plus florissants du Piémont. Il établit à Pignerol les Frères des Ecoles chrétiennes pour l'instruction et l'éduca-

tion des enfants pauvres et des familles peu aisées.
Remarquant que l'instruction des jeunes personnes
du sexe était fort négligée, il organisa les écoles des
filles dans toutes les paroisses et dans tous les princi-
paux villages de son diocèse. Et, pour former les
maîtresses qu'il destinait à cette œuvre, il dota sa ville
épiscopale d'une maison des Dames du Sacré-Cœur,
et donna un plus grand développement au noviciat
des Sœurs de Saint-Joseph. Il inaugura des salles
d'asile à Pignerol et rétablit l'hospice des catéchumènes vaudois que la Révolution avait détruit. L'œuvre des catéchumènes était, entre toutes, la plus
chère à son cœur d'évêque. Pour procurer le salut
des âmes qui, oublieuses de leur salut, s'endorment
dans l'inimitié de Dieu, il procura la fondation d'un
corps de missionnaires diocésains dont l'établissement fut inauguré au prieuré de la Tour, en présence
du roi Charles-Albert. Enfin, Monseigneur Charvaz
obtint encore du souverain l'érection d'un hôpital
dans le bourg de Luzerne, pour les pauvres catholiques des paroisses mixtes.

Après avoir visité tout son diocèse, Monseigneur
Charvaz tint son synode diocésain et publia les cons-
titutions de Pignerol qui resteront à ses anciennes
ouailles comme l'impérissable monument d'une
administration sage, ferme et éclairée. Comme le
divin Pasteur, sans oublier ses brebis fidèles, il tour-
nait sans cesse son cœur et ses yeux vers les Vaudois
de son diocèse, et publia de remarquables ouvrages

pour réfuter leurs erreurs et leur démontrer la vérité de la religion catholique. *Et alias oves habeo quæ non sunt ex hoc ovili, illas opportet adducere* (24). Tout le monde connaît les savantes *Recherches* du prélat *sur l'origine des Vaudois,* tout le monde a lu avec bonheur son *Guide du catéchumène Vaudois,* et ses *Considérations sur le protestantisme.* La chaleur du zèle que l'on retrouve dans ces pages et la douce onction que l'on y ressent, ramenèrent bien des âmes égarées et un nombre considérable de Vaudois dont l'aimable évêque eut la consolation de recevoir l'abjuration. Dans toutes ses lettres pastorales, il adressait à ces pauvres hérétiques quelques paroles brûlantes de charité. Il suivait le conseil qu'un saint moine du moyen-âge donnait jadis à un des grands champions de la cause sainte : « Elève donc la voix, toi l'organe de Dieu et la trompette de l'Esprit-Saint ! Noble héraut de la vérité, n'interdis point à tes lèvres de poursuivre la perversité hérétique. Non, non, ne te rends pas au sentiment de ceux qui affirment que ton langage est inutile parce qu'il ne peut convertir ceux contre lesquels tu parles. Ils ignorent que l'apôtre est tenu de combattre et n'est pas tenu de vaincre. La victoire, c'est l'affaire de Dieu. » *Ne vocem retrahas a correctione hæreticæ pravitatis. Noli, noli credere illis qui te loqui asserunt sine utilitate, quoniam eos contra quos loqueris revocare non potes a scelere* (25).

Tous les journaux religieux de l'époque ont rendu

compte des ouvrages du savant évêque, et l'ont signalé comme l'un des plus célèbres controversistes du temps présent. Quand on se procure le plaisir de lire les mandements et les lettres pastorales que ce grand évêque écrivit pendant les quatorze ans qu'il gouverna le diocèse de Pignerol, on est frappé d'étonnement et pris d'admiration en voyant avec quelle facilité il avait su saisir les besoins des âmes qui lui étaient confiées, et avec quelle justesse il avait dirigé ses enseignements contre les préjugés et les faiblesses de son temps. Son talent se pliait à tous les genres, il ne faiblissait devant aucun sujet. Ses lettres à l'occasion du choléra, de la retraite ecclésiastique, de l'aggrégation de son diocèse à l'Archiconfrérie du Très-Saint-Cœur de Marie, comme ses mandements sur la pénitence, sur les missions diocésaines, sur l'éducation des enfants en général et des filles en particulier, sur le culte des saints Humbert et Boniface, sur les mauvaises lectures, sur les causes de l'incrédulité, sur l'ignorance et l'indifférence, sur l'oubli du salut, glorifieront à jamais le cœur qui les a pensés et la plume qui les a écrits. A une hauteur de vue peu ordinaire vient toujours s'allier la pureté et la lucidité du style ; les formes les plus délicates et les plus polies, un ton parfait de modération et de dignité furent le cachet particulier de ses discours et de ses écrits.

La Providence avait béni les efforts de l'aimable évêque de Pignerol et couronné le zèle qu'il déployait dans l'administration de son diocèse. Son troupeau vivait heureux sous sa douce houlette, et les œuvres qu'il avait fondées ou restaurées prospéraient à souhait. Mais voici que l'année 1847, mémorable à cause des réformes accordées par les souverains d'Italie et de l'enthousiasme extraordinaire avec lequel on les fêta, vint changer la destinée de Monseigneur Charvaz et l'arracher à l'affection de ses diocésains. Charles-Albert opéra des réformes où l'on ne démêlait rien que de juste, de légitime et de conforme aux besoins de son peuple ; elles furent l'objet de fêtes brillantes dans tout l'Etat, et l'évêque de Pignerol crut devoir en adresser au roi ses félicitations. Mais une fois lancé dans la voie des réformes, le gouvernement en vint à empiéter sur les droits divins de l'Eglise. Il publia une loi sur la presse qui supprimait de fait toute révision ecclésiastique et soumettait les caté-chismes, les livres de prières et de théologie, les mandements et les écrits épiscopaux quelconques à une censure gouvernementale et laïque. On ne pou-vait plus directement attaquer la liberté de l'Eglise, ni mieux asservir l'épiscopat au pouvoir civil. Les évêques adressèrent des réclamations pressantes. Monseigneur Charvaz, bien que non atteint par cette loi à cause d'un privilége qu'il tenait du roi, ne voulut point dans une aussi grave circonstance, séparer sa cause de celle de ses collègues. Il porta d'abord ses réclamations verbales aux ministres et au roi, puis, quand il vit que toute représentation était inutile, il ne balança pas un instant. Mettant les intérêts de l'Eglise au-dessus de tout, il renonça à son privilége et envoya au roi sa démission motivée. « Placé, dit-il au roi, entre ma conscience qui me défend absolument de subir un joug aussi injuste, aussi ignominieux, et la nécessité de renoncer à mes fonctions, je n'hésite pas un instant, Sire, et je me fais un honneur et un devoir de donner la démission de mon titre et de ma dignité d'évêque, plutôt que de continuer à exercer plus longtemps un ministère avili..... La liberté de conscience prise en ce sens n'a jamais été un vain mot pour le chrétien, et elle doit l'être moins que jamais pour un évêque dans notre temps... » Cet acte de courage apostolique et ces graves paroles nous rappellent le temps des Ambroise et des Athanase et montrent que le doux prélat dont nous retraçons la vie était un de ces évêques à forte trempe qui ne manqueront jamais dans la sainte Église. Quelque condescendant et traitable qu'il fut d'ailleurs, il est un point sur lequel il ne voulut pas devenir accomodant et facile, c'est quand, par le silence et le repos, la cause de Dieu était trahie. *Qui tametsi alioqui pacati ac moderati sint, hac tamen in re lenes et faciles esse non sustinent cum per silentium et quietem Dei causa proditur* (26). Monseigneur Charvaz avait retenu de la cérémonie de son sacre ces paroles énergiques : *Veritatem diligat, neque unquam eam deserat, aut laudibus aut timore superatus* (27). D'ailleurs, il n'est pas permis aux évêques de conniver aux fautes des princes même les plus aimés, et toute faiblesse dans la cause de la vérité est à la fois un crime envers Dieu et envers le prince lui-même. En effet, tout ce qui affaiblit la religion, par un contre coup funeste, ne tarde pas à affaiblir la société, et les princes éclairés devraient maudire toute complaisance qui précipite la ruine des Etats et la chûte des trônes (28).

Le roi, plutôt que de laisser aux évêques un droit dont l'Eglise ne peut se départir, accepta la demission de celui de Pignerol, aux applaudissements des révolutionnaires italiens qui redoutaient l'influence de Monseigneur Charvaz.

Mais Pie IX qui dès longtemps appréciait singulièrement le courageux prélat, fit bien des difficultés avant de briser le lien qui l'unissait à son église, et, tout en approuvant les nobles motifs de sa démission, il ne le laissa qu'à regret descendre de son siége. Monseigneur Charvaz s'était rendu à Rome pour déposer sa houlette pastorale au pied du trône du Pasteur des pasteurs. Ce fut de la ville sainte qu'il adressa à ses diocésains une lettre d'adieux qu'on ne relira jamais sans être ému jusqu'aux larmes, tant il y avait de sentiments doux et forts dans le cœur de ce grand évêque.

Il revint s'abriter, au sein de nos montagnes, dans sa chère solitude du Mont-Saint-Michel, où il passa trois années entières dans l'étude et la prière, et dans la société intime de quelques amis dont plusieurs l'ont déjà précédé dans une vie meilleure. Et, parmi ces amis de cœur, appelés avant lui par le Maître de tous les vivants, pourrais-je vous oublier, ô digne et saint pontife, qui fûtes pendant de longues années

notre père et notre guide à tous, vous qui alliez assi-
duement verser dans le cœur compatissant de votre
aimable collègue, les peines qui pesaient sur votre
grande âme, vous qui ne goûtiez aucune consolation
et ne ressentiez aucune angoisse sans les lui faire
partager ! Hélas ! bien que vos cendres ne reposent
pas sous la même pierre que celles de votre illustre
ami (29), j'ai la douce confiance que vos âmes sont
réunies dans la même paix, que deux diadèmes sem-
blables brillent sur vos fronts, et que vos mains
portent les palmes de ce long martyre qui est l'apa-
nage de tous les saints pontifes du Seigneur.

Monseigneur Charvaz espérait passer le reste de
ses jours dans la retraite du Mont-Saint-Michel ; mais
la Providence, qui nous laisse concevoir des espé-
rances et ne se départit jamais du droit de les briser,
en avait disposé autrement. Le Pape n'avait point
perdu de vue l'illustre prélat ; il lui confia plusieurs fois
d'importantes négociations ; il l'avait même appelé
à Rome, désirant l'y attacher en le nommant à une
éminente fonction, celle de secrétaire de la Congré-
gation des affaires ecclésiastiques extraordinaires.
Mais, par un sentiment d'extrême délicatesse, l'é-
vêque démissionnaire, personnellement dépourvu de
ressources suffisantes, ne voulut point être à charge
au Saint-Père. Il remercia Sa Sainteté qui lui conféra
le titre d'archevêque de Sébaste *in partibus*. Cependant Dieu voulait qu'il conquît le droit à une nouvelle couronne en descendant encore une fois dans
l'arène. Le roi Victor-Emmanuel et le pape Pie IX

résolurent, d'un commun accord, de le placer à la tête du vaste diocèse de Gênes, dont le siége vacquait depuis cinq ans par la mort du cardinal Tadini. Il fit tous ses efforts pour décliner cette dignité ; il témoigna au roi et au pape sa reconnaissance en l'accompagnant d'un refus formel et réitéré. Mille instances capables d'ébranler la volonté la mieux trempée vinrent échouer devant sa résolution. Mais on lui fit envisager son acceptation comme le gage d'une sincère réconciliation de l'Etat avec le Saint-Siége, et son refus comme propre à compromettre les négociations entamées ; et, en face de cet avantage manifeste pour l'Eglise, il n'avait plus qu'à se livrer, qu'à s'abandonner aux angoisses de l'administration d'un nouveau diocèse (30). *Animam suam in manibus suis ponens, accessit intrepidus, suscepit archiepiscopatum tradens sese discrimini manifesto* (31). Parmi les heures solennelles, il est une heure à laquelle on ne sait quel nom donner, heure de lutte et de douloureuse anxiété, de résistance et d'acquiescement, de combat et de résignation, c'est celle où la voix du Pontife suprême arrache un prêtre, un évêque à une existence de prières et d'étude, au calme et à la sérénité d'une vie retirée et choisie comme l'unique horizon de l'avenir, pour le lancer dans la haute mer, et lui dire la parole de l'Evangile : *Duc in altum* (32). Alors l'âme ressent une angoisse et une torture intérieure que celui-là seul peut comprendre qui l'a éprouvé (33).

Cependant Pie IX avait préconisé l'archevêque de

Gênes avant d'avoir reçu son acquiescement défi-
nitif. Les desseins ineffables de la Providence étaient
par là même clairement révélés; Monseigneur se
soumit avec une noble résignation, il monta sur ce
siége éminent, et nous le verrons immoler ses forces
et sa vie au sublime ministère qu'on lui avait imposé.
*Ministerium ad quod coactus accesserat, devotus
tenuit, indefessus exercuit* (34).

Ecoutez, Mes Frères, les accents qui s'échappaient
du cœur du magnanime prélat au moment d'entrer à
Gênes, quand il rappelait à son souvenir sa première
église : « Ah! dit-il, si jamais nous eussions pu pré-
voir, ô sainte et toujours chère Eglise de Pignerol,
que ces liens si tendres et si forts qui nous unissaient
à tes enfants, ne dussent se rompre que pour en
contracter de nouveaux : si nous eussions prévu que
nous ne dussions nous décharger d'un poids plus
léger que pour nous en voir imposer un autre de
beaucoup plus grave, nous t'aurions consacré jusqu'à
la dernière pensée de notre esprit, jusqu'au dernier
battement de notre cœur (35). »

Mais l'Eglise de Gênes est maintenant son unique
épouse, il se doit tout entier à elle. « Alors même,
lui dit-il, que nous ne rencontrerions dans notre
ministère que des sollicitudes sans honneur, des fati-
gues sans consolation, nous devons vous être égale-
ment dévoué. Nous vous sommes envoyé, non pour
chercher notre repos, notre gloire ou nos intérêts;
non pour exercer sur vous une orgueilleuse domina-
tion ou une arrogante autorité,... mais pour devenir

le serviteur de tous, acceptant d'avance, à l'exemple de saint Paul, ou la gloire, ou l'ignominie (36). »

L'illustre prélat trouva la ville de Gênes, et plusieurs localités de son diocèse, en proie aux ravages de la propagande protestante. L'évêque est une sentinelle vigilante, placée en observation pour découvrir au loin l'ennemi. Aussitôt arrivé à son poste, il jette le cri d'alarme, il signale et combat le prosélytisme protestant et les menées des hérétiques, dans deux remarquables lettres pastorales qui produisirent un grand effet et eurent un immense retentissement en Italie. Il continue en chaire, comme dans ses admirables lettres, à venger le culte de Marie et celui des saints, des calomnies des sectaires ; il attaque de front toutes les erreurs qui menacent d'infecter son troupeau. Il prémunit ses ouailles contre les hommes dont la doctrine ou les exemples sont pernicieux, contre l'incompatibilité prétendue entre la foi et la raison, contre la fausse indépendance, l'indifférentisme, le respect humain et la violation des jours consacrés à Dieu.

Le doux archevêque mit, dès son arrivée, la main à une œuvre plus importante encore, l'union et la concorde dans son clergé travaillé, depuis plusieurs années, par l'esprit de division ; il y réussit. Les opinions extrêmes, trop absolues, passionnées firent bientôt place au calme, à la modération, à la douce charité qu'il recommandait dans une admirable lettre pastorale. Son regard se porta bien vite aussi sur les séminaires, où il fit d'importantes réformes, pour rendre le jeune clergé digne de sa haute mission dans les temps actuels. Il ranima l'esprit religieux parmi ses diocésains et s'occupa à réconcilier avec la religion tant de personnes que des années de vertige lui avaient rendues plus ou moins hostiles ou indifférentes. Il vit ses efforts couronnés par des succès consolants : Gênes est redevenue la ville de la foi et de la piété antiques, elle bénit la douce houlette qui l'a ramenée aux vertus d'autrefois.

Une sagesse consommée, des procédés toujours conciliants, une admirable modération furent les caractères distinctifs de l'administration de l'archevêque de Gênes. L'esprit des affaires n'est pas incompatible avec l'éminence du savoir ; au contraire, un homme supérieur porte ordinairement sa supériorité partout, et l'on a observé avec raison, par rapport à Bossuet, que *rien n'était au-dessus ni au-dessous de cet homme*. Non, l'élévation de l'esprit, la poésie de la pensée n'excluent pas le talent administrateur, mais ils l'achèvent et le consomment (37).

La parole de Monseigneur Charvaz avait une merveilleuse puissance ; douce, sympathique, toujours imprégnée de foi et revêtue de grandeur, elle était le vrai levier qui soulevait les âmes de ses diocésains et les tenait constamment en haleine. Tantôt il encourageait la presse catholique et surtout les journaux religieux, tantôt il communiquait un nouvel élan à l'œuvre des conférences religieuses qu'il avait établies dans sa cathédrale. Il prenait la parole dans toutes les réunions générales des congrégations religieuses ou des sociétés séculières qui s'occupent des intérêts spirituels et corporels des classes pauvres. Il animait constamment les Conférences de saint Vincent de Paul, la Société établie pour l'accroissement et la propagation de la foi, celle qui s'occupait de la propagation des bons livres, de l'adoration diurne et nocturne du saint Sacrement, celle de la doctrine chrétienne et de saint François de Sales. Chaque année, dans ses mandements, il recommandait instamment au clergé et aux fidèles les œuvres catholiques de la Propagation de la foi, de la sainte Enfance et du Denier de saint Pierre.

Malgré l'insuffisance de sa mense pour l'entretien de sa maison, malgré des impôts qui s'accrurent jusqu'à une somme incroyable, et l'obligèrent à renvoyer ceux de ses serviteurs qui n'étaient pas absolument indispensables, il aidait pécuniairement toutes les œuvres, il ouvrait sa bourse à toutes les souscriptions, et n'oubliait jamais de transmettre à Pie IX son tribut annuel.

On aurait dit que le mot du divin Maître : *Euntes docete* (38), retentissait sans cesse à son oreille. L'archevêque de Gênes répandait la lumière à profusion. On aurait peine à croire combien de sujets divers il a traité dans ses lettres pastorales. Cependant, elles ne sont toutes, prises dans leur ensemble, qu'un magnifique commentaire de cette divine parole : Cherchez avant tout le royaume de Dieu et tout le reste vous sera donné ; *Quærite primum regnum Dei et hæc omnia adjicientur vobis* (39). Avec une remarquable sûreté de coup d'œil, lui qui avait tant pratiqué les hommes de son époque, il avait compris que le grand et fatal préjugé de notre temps, c'est la croyance que l'Eglise est l'ennemie de l'homme et de la société, et qu'animée d'un esprit sourdement hostile, elle lutte contre les tendances généreuses et le développement régulier de l'humanité. Ce préjugé, qu'il vienne de l'ignorance ou de la mauvaise foi, réclame des flots de lumière ; c'est à l'évêque à les répandre : *Vos estis lux mundi* (40).

Mais la vérité, pour pénétrer dans les âmes, a besoin d'être détrempée dans le baume de la charité. Plusieurs années de suite le choléra éclata dans la ville de Gênes, tandis que son Pasteur épuisé réparait ses forces en respirant l'air natal sur ce rocher solitaire que nous ne pourrons plus regarder sans douleur. Vous le savez, Mes Frères, à la première nouvelle du fléau qui décimait son troupeau, le bon pasteur nous quittait soudain ; son cœur encore plus que son devoir l'appelait dans les hôpitaux qu'il visitait chaque jour, dans les maisons des agonisants qu'il allait reconforter par de saintes paroles et par les secours de son ministère sacré. Ah ! combien de larmes il a essuyées, combien de douleurs il a consolées, combien d'âmes il a gagnées par ce dévouement sublime qui rappelle celui des Belzunce et des Charles Borromée !

Nous allions oublier, Mes Frères, un des ministères les plus douloureux qu'ait eu à remplir le prélat que nous pleurons. Il portait sur ses armes cette devise sublime de saint Paul : *Absit mihi gloriari nisi in cruce*, il fallait qu'il en savourât les amertumes. Après la sainte Eglise et son auguste chef Pie IX, rien ne lui tenait tant au cœur que la famille royale. Aussi qui pourra dire les mortelles angoisses de son âme quand il vit le roi qui l'avait honoré de son amitié, Charles-Albert, mourir exilé sur une terre lointaine? Qui pourra retracer les cruelles étreintes de son cœur, quand il vit la mort frapper à coups redoublés sur la famille de son roi, lui ravir presque à la fois sa tendre mère, sa sainte épouse et son auguste frère, et plus tard un fils bien-aimé? Lui seul pouvait compatir assez à la douleur du roi et ressentir assez vivement ces deuils de la nation ; aussi fut-il choisi pour faire l'éloge funèbre des augustes défunts (41) et pour exprimer publiquement une douleur qui semblait dépasser toutes les douleurs.

Toutes les souffrances physiques et morales s'appellent et se concentrent quand on est entré dans la dernière période de la vie. L'illustre archevêque sentant que ses forces ne pouvaient plus répondre à son zèle, et surtout qu'il ne lui était plus possible de satisfaire à l'important devoir des visites pastorales, avait obtenu, il y a dix ans, que le gouvernement acceptât sa démission; mais Pie IX avait différé de la lui accorder, en lui permettant de rester en Savoie autant qu'il serait nécessaire à sa santé toujours plus compromise. Monseigneur Charvaz courba la tête sous la volonté expresse du chef de l'Eglise. Le bruit de sa démission offerte plongea dans de cruelles angoisses le clergé et les fidèles de Gênes, qui, soit par des lettres collectives, soit par des correspondances particulières le pressèrent de ne pas les abandonner. Ces témoignages d'affection filiale émurent profondément le bon archevêque et motivèrent une circulaire qu'il adressa d'ici à ses diocésains consternés. Après les avoir remerciés avec effusion, il leur expose les motifs de sa détermination. Sa mauvaise santé habituelle que l'âge vient aggraver chaque jour, lui rendait le travail et l'application impossibles. Dès lors il avait cru en conscience, devoir se faire décharger, parce que ce n'est pas, disait-il, la présence, mais bien l'activité d'un évêque qui procure le bien d'un diocèse. Ce n'était pas le désir du repos, ni ses souffrances personnelles qui l'avaient déterminé, mais bien l'avantage de ses ouailles. D'ailleurs, ajoutait-il, il n'avait pas pris cette détermination sans s'être assuré qu'il serait promptement et avantageusement remplacé.

Mais Pie IX ne permit pas que le vieil archevêque déposât sa houlette, il la porta donc encore pendant neuf ans avec un courage sublime. Enfin, l'an passé, le digne prélat, en revenant au milieu de nous, n'avait apporté qu'une santé tellement affaiblie qu'elle ne nous laissait plus en perspective que le deuil que nous célébrons aujourd'hui. Le 7 août 1869, un message de Sa Sainteté exauça les vœux du malade, on pourrait dire du martyr. Le même jour, une lettre datée du Mont-Saint-Michel informa le vénérable chapitre de Gênes que le Pape avait délié les liens canoniques qui unissaient l'archevêque à son diocèse. Cette triste missive plongea le chapitre et le clergé de Gênes dans une morne douleur; la nouvelle qu'elle contenait frappa comme un coup de foudre la ville archiépiscopale; le troupeau tout entier était dans la désolation. Deux chanoines de Gênes sont députés à Moûtiers pour porter à l'archevêque l'expression de la douleur et des regrets de tous. Ils arrivent le 25 août; mais qui pourra redire les émotions de ce jour! Notre digne évêque, ses vicaires généraux et plusieurs ecclésiastiques étaient réunis dans le salon du bon archevêque avec la députation génoise. Le chanoine Graffagni se lève tout ému et adresse au vénérable prélat les paroles les plus touchantes et les mieux senties. L'aimable archevêque répondit quelques mots, mais les larmes coulaient de ses yeux et l'émotion éteignit sa voix. Monseigneur de Tarentaise puisa dans son cœur d'éloquentes paroles pour remercier les députés du clergé de Gênes et les assurer qu'il serait lui-même l'ami, le consolateur et le gardien fidèle du prélat que l'affection des Génois confiait à sa tendre amitié. Enfin, après les derniers adieux, tous se séparèrent en pleurant.

Dès ce moment, le pieux archevêque ne s'occupa plus que de la prière et de la pensée de la mort. Il passa encore plus d'une année dans la souffrance et dans l'union la plus intime avec Dieu. Cependant ses forces l'abandonnaient de jour en jour davantage, il suivait le traitement des médecins qui, malgré leur dévouement, ne pouvaient plus combattre les germes de mort que la maladie développait dans son corps affaibli. Il dut renoncer à monter à l'autel du Seigneur ; la Providence voulut qu'il fut privé pendant de longs mois de son bien-aimé secrétaire, de son compagnon fidèle (42). Les visites de ses amis, de Monseigneur surtout, la lecture de ses correspondances et des journaux qui donnaient les nouvelles de Rome, du Concile, de Gênes, de l'Italie et de la France qu'il aimait comme deux patries, occupaient ses journées. Ses matinées comme ses soirées étaient uniquement réservées pour ses exercices de piété, ses prières qu'il récitait à haute voix, et la lecture de l'Imitation de Jésus-Christ. Dès qu'il se sentit plus mal, il demanda que Monseigneur lui administrât les sacrements de l'Eglise, et quelques jours après, il expira en priant, entre les mains de son cher secrétaire et de cet autre vieil ami que tout le monde connaît, et qui serait illustre par les seules qualités de son cœur, lors même que l'auréole du génie ne brillerait pas sur son front (43).

Monseigneur Charvaz n'est plus ! La mort l'a frappé ! Arrêtons-nous, Chrétiens, pour considérer encore une fois cette sainte physionomie, ce noble et beau caractère. Jamais il n'a cherché la gloire humaine ; mais quand elle est venue à lui, il ne l'a pas repoussée avec un orgueilleux dédain, ni accueillie avec cette complaisance superbe qui s'en repaît. Avec cet esprit supérieur que la foi donne au véritable chrétien, il discernait la nue réalité qui se cache sous des ombres décevantes, et il n'eut pour les distinctions mondaines que cette indifférence qui est de la vertu. Ses talents éminents, le mérite de ses ouvrages, sa position élevée l'avaient mis en rapport avec les célébrités contemporaines et lui avaient ouvert le sein de plusieurs sociétés savantes de Savoie et d'Italie. Les nombreuses relations scientifiques qu'il entretenait avec une simplicité et une cordialité admirables, étaient un des bonheurs de sa vie, cependant jamais il n'eut la pensée de s'en glorifier. Loin de se targuer de ses titres académiques, il préféra se montrer en toute circonstance le protecteur et l'ami des sciences et des arts. Il se plaisait à donner de l'essor au mérite, il encourageait les écrivains et les artistes, qui étaient toujours sûrs de recueillir sur ses lèvres des compliments pleins d'à-propos et des paroles remplies de bienveillance.

Les distinctions honorifiques ne lui manquèrent pas. Nommé successivement conseiller privé du roi Charles-Albert, puis membre du conseil d'Etat, il fut décoré des insignes des Ordres les plus élevés et se montra toujours supérieur à ces honneurs bien mérités.

Il plana toujours au-dessus de toutes les politiques humaines, il ne s'inféoda à aucun parti, à aucune opinion ; il se dévoua au service de toutes les conditions sociales sans se faire l'esclave d'aucune. *Omnibus debitor sum* (44). Ses adversaires eux-mêmes ont constamment rendu justice à la loyauté de ses procédés, à la courtoisie de ses formes, à la droiture de son caractère, à la pureté de ses intentions. Il leur laissa toujours ignorer qu'il savait leurs menées et tenait le fil de leurs intrigues. Attentif aux choses importantes, il ne se passionna jamais pour les petites choses. Jamais il ne suscita l'ombre d'une difficulté aux hommes publics qui, sous les divers régimes, prirent part à l'administration des provinces dont il fut le pasteur. Grand et fort, quand il était forcé de réclamer, il allait droit au fort, au roi ou à ses ministres. Dans les rapports sociaux, si son estime était graduée sur la diversité du mérite de chacun, sa bienveillance était générale. Son caractère distinctif fut l'amabilité : *Vir amabilis ad societatem* (45). Parmi ses vertus, celle qui donna une nuance spéciale à toutes les autres fut l'affabilité : *Cum cœteris floreret virtutibus, gratiam tamen mansuetudinis specialiter obtinebat. Ideo sese amabilem et affabilem omnibus exhibebat* (46). Il suffisait de le connaître pour l'aimer. *Non poterat non esse gratus quibus notus fuisset* (47). Ceux qui ne l'avaient connu qu'à distance et par sa grande renommée demeuraient étonnés de sa merveilleuse condescendance, de la facilité de ses rapports, de la simplicité de ses habitudes, de l'indulgence extrême de son cœur. Il avait de ces attentions, de ces prévenances, il faisait de ces questions qui dénotent un intérêt profond et sincère.

Sa piété était forte et ferme en même temps que; douce et expansive. Il aimait la prière, les lectures de piété, les pratiques simples de la vie chrétienne. Quand il célébrait les saints mystères, quand il récitait l'office divin, il était plein de foi, d'attention et d'amour, il était saisi, ému, touché.

Son désintéressement fut complet, exemplaire. L'argent, il le méprisait avec la générosité d'un chrétien et d'un grand seigneur ; il n'en avait jamais devant lui plus qu'il n'en fallait pour suffire à ses besoins de quelques mois et aux devoirs d'une hospitalité toujours honorable. Son large cœur étendait sa bienfaisance partout ; il n'oublia pas sa patrie. Les sentiments du patriotisme le plus vrai comme le plus désintéressé, et cette religion des souvenirs qui agit si puissamment sur les âmes grandes et généreuses, lui inspirèrent l'heureuse pensée de s'imposer d'onéreux sacrifices pour rendre au Mont-Saint-Michel sa prospérité d'autrefois et sa destination religieuse (48). Il y a sept ans qu'il l'a généreusement donné aux évêques de Tarentaise, pour que le revenu en fût employé à l'entretien des prêtres auxiliaires du diocèse. Sa générosité envers sa paroisse natale d'Hautecour se lit sur les autels et dans l'ameublement de l'église ; elle est gravée sur la pierre de l'élégante chapelle gothique qu'il fit construire dans son village. Son testament et les notes qui l'accompagnent sont le digne couronnement de sa constante charité. En dehors d'un petit souvenir laissé à chacun de ses parents et de quelques objets précieux destinés à ses amis en témoignage de son inviolable attachement, il a voulu que les établissements de bienfaisance et les bonnes œuvres de Gênes, de Pignerol, de Moûtiers et d'Hautecour fussent ses véritables héritiers. *Dispensatores, non hæredes reliquit* (49).

Notre pontife eut des amis, de vrais et fidèles amis; leur société était la joie de sa vie et la moitié de son existence. C'est en eux qu'il trouvait son repos, sa consolation, sa récréation et le délassement de son cœur. *In ipsis requiescebat, in ipsis se consolabatur, in ipsis relaxabat animum, et fessa curis corda mulcebat* (50). Quand il était au milieu d'eux, les paroles semblaient fleurir sur ses lèvres, et il exhalait le parfum des Ambroise, des Bernard et des François de Sales.

Ne me demandez pas, Mes Frères, comment ce grand pontife s'est élevé à une haute sainteté, car je répondrais avec l'Esprit-Saint : *In fide et lenitate ipsius sanctum fecit illum* (51) ; Dieu l'a sanctifié par la foi et la mansuétude. La foi vive, ardente, lui a fait mépriser le monde et les choses de la terre, et la mansuétude lui a fait supporter avec patience les dures épreuves de la vie, et garder inviolablement la douce charité. Or, il n'y a que les parfaits qui puissent dire : J'ai aimé! car la dilection est l'accomplissement de la loi : *Plenitudo enim legis dilectio* (52). Oui, Monseigneur Charvaz a aimé : il a aimé Dieu et son Eglise, il a aimé le Vicaire de Jésus-Christ, il a aimé ses collègues dans l'épiscopat, il a aimé ses prêtres et les fidèles qui lui étaient confiés, il a aimé son roi et sa patrie, il a aimé les pauvres et les malheureux. C'est tout. *Nihil hoc plenius, nihil expressius* (53). Aux anges et aux archanges venus au-devant de sa chère âme, et lui demandant ce qu'il avait fait sur la terre, il a pu répondre : j'ai aimé! *Quid egistis in terris? dicebat : Dilexi* (54). J'ai aimé! c'est dire : j'ai accompli la loi, j'ai observé l'Evangile. *Hoc est dicere : Legem implevi, evangelium non præterivi* (55). C'est dire : j'ai voué ma vie à mes frères, je me suis placé sur l'autel du sacrifice et le feu de la charité a dévoré, consumé sa victime. *Hoc est dicere : Morti me obtuli* (56).

Voilà, Mes Frères, voilà le bon prélat que nous avons tous connu. Mais non! il n'est plus; la mort l'a frappé! O cruelle et inexorable mort qui as blessé tant de cœurs en brisant cette seule existence! *Dira profecto et inexorabilis mors, quæ tantam hominum multitudinem unius percussione mulctavit* (57). O aveugle et imprévoyante mort, qu'as-tu fait, en glaçant cette langue qui formulait de si douces paroles, en fermant ces lèvres gardiennes d'un trésor de science, en raidissant ces pieds qui accouraient vers toutes les infortunes, en fermant ces mains d'où s'échappaient de libérales aumônes, en obscurcissant ces yeux que les cœurs blessés aimaient à rencontrer, en arrêtant les battements de ce cœur brûlant de charité? O impuissante mort, tu n'as pu que tuer la chair, et déjà elle repose dans le sein de la terre : *Fecit quod potuit, occidit carnem* (58). Mais l'âme a échappé à tes étreintes : *Animæ enim non habes quid facias* (59); elle s'est envolée vers son Créateur, elle est entrée dans la joie du Seigneur. Et encore, cette dépouille mortelle que tu as saisie, elle te sera arrachée un jour ; tu rendras ce corps transformé, glorieux, quand le Fils de l'homme, le vainqueur de la mort apparaîtra, et que tu seras absorbée par la vie. *Absorpta est mors a vita* (60). Où donc alors sera ta victoire : *Ubi est mors victoria tua* (61)? Ah! celui qui a l'empire sur toi, t'a transformée pour ses élus en un doux sommeil : *Mors ipsa dilectis Domini somnus refrigerii est* (62). Oui, la mort des saints est précieuse : *Pretiosa in conspectu Domini mors sanctorum ejus* (63). C'est la fin des travaux et des épreuves, c'est le couronnement de la victoire, c'est la porte de la vie, c'est l'entrée dans le port éternel. *Pretiosa tanquam finis laborum, tanquam victoriæ consummatio, tanquam vitæ janua et perfectæ securitatis ingressus* (64).

Eglises de Pignerol et de Gênes, vous avez revêtu vos vêtements de deuil pour pleurer le pasteur qui vous conduisait dans les sentiers de la loi du Seigneur ; vos ferventes prières n'ont pu le conserver sur la terre, ses mérites l'ont emporté sur vos vœux les plus ardents : *Prævaluerunt illius merita* (65). Ces mérites sont maintenant couronnés, et si votre piété filiale vous a fait verser des larmes sur la tombe de ce père de vos âmes, réjouissez-vous de le savoir vivant de la véritable vie. *Pium est defunctum plangere, et pium magis congaudere viventi* (66).

Eglise de Tarentaise, pleure cet homme illustre, ce grand archevêque venu de loin pour expirer sur ton sein qui lui avait donné la vie ; Dieu a réalisé pour toi le vœu le plus ardent du cœur d'une mère. Comment ne reconnaitrais-tu pas là un bienfait céleste? N'est-ce pas la Providence qui a prédestiné ce lieu pour le sommeil du juste, et cette terre pour lui donner une sépulture choisie et ardemment désirée? *Nemo sane beneficii esse cœlestis, et superno dubitet consilio definitum, ut... hodie inter vos obdormitet, et desideratam inter vos haberet sepulturam* (67).

Et vous, Monseigneur, dont le front est couronné de tristesse, ce n'est pas sur celui que vous avez perdu que vous pleurez, car le Seigneur a réalisé le désir le plus ardent de son cœur; mais vous regrettez ce conseiller fidèle et expérimenté, cet auxiliaire puissant, cet ami de cœur dont le ciel vous a privé. *Non super te doleo, cui desiderium animæ tuæ tribuit tibi Deus, mihi potius ademptum doleo fidele consilium, auxilium grande, virum unanimem, hominem secundum cor meum* (68).

Pourrai-je oublier votre douleur, illustre prince de la sainte Eglise Romaine, dont les vertus et la science jettent un si vif éclat dans la métropole de la Savoie! La cruelle mort a soustrait à votre affection ce cher compatriote qui vous était uni par les liens de la plus ancienne et de la plus tendre amitié. *Elongasti a me amicum et proximum* (69).

Et vous, pieux successeur de saint François de Sales, qui vîntes, le cœur brisé, mêler vos pleurs aux larmes répandues sur cette tombe chérie; vous tous enfin, évêques de Savoie, de Genève, de France et d'Italie, qui avez tendrement aimé le vénéré prélat que le ciel nous a ravi, c'est dans le cri déchirant de

David pleurant sur Jonathas que vous trouvez l'expression de vos regrets : *Doleo super te frater mi Jonatha* (70).

Vous, religieux compatriotes du prélat dont l'illustration réjaillira à jamais sur votre humble paroisse, gardez avec amour le dépôt sacré qui vous a été confié. Que celui qui vous a tant aimé demeure dans votre cœur, qu'il vive dans le souvenir de vos enfants ! *Ille vobis maneat in corde, ille vivat in pectore* (71). N'oubliez jamais ses sages conseils et ses bienveillants avis. Si Dieu vous a constitués les gardiens de cette dépouille mortelle, qui sera un jour revêtue de lumière et de clarté, c'est qu'il se complaît dans vos montagnes, ou bien qu'il veut faire du lieu que vous habitez un lieu de bénédiction. *Alterum e duobus signum istud quod nobis in bonum factum est, persuadet, quod aut placitus Deo sit locus, aut sibi placitum facere velit* (72).

Vous tous enfin, amis fidèles du bon archevêque, cherchez votre consolation dans la divine espérance. Vous l'avez vu combattre le bon combat, votre amitié vous a fait partager ses épreuves et peut-être ses travaux. Il vient de terminer sa course et vous êtes encore dans la carrière, marchez sur ses traces, ô vous qui avez contemplé de plus près l'éclat de ses éminentes vertus.

N'oubliez pas, Chrétiens, que la vie est une guerre et une épreuve pour tous. Que pendant ce combat et cette lutte passagère, la foi vous éclaire de ses vives clartés, que l'espérance la plus ferme vous soutienne, que la charité la plus ardente vous pénètre et vous anime! Alors, comme le saint Apôtre Paul, comme le Pontife que nous pleurons, comme tous les élus et les saints, vous n'aurez plus qu'à recevoir la couronne de justice que la bonté divine tient en réserve, pour le jour où vous achèverez heureusement votre course. *Amen.*

NOTES.

(1) Monseigneur Gros, évêque de Tarentaise, officiait pontificale-
ment au service solennel.

(2) II. Tim. IV, 6.

(3) Ibid.

(4) Rom. 1, 8.

(5) Act. XX, 25.

(6) Act. XX, 37.

(7) Monseigeur Charvaz est décédé, le 18 octobre, dans sa maison
du Mont-Saint-Michel. Ses obsèques furent célébrées, le 22 du même
mois à Moûtiers, par Messeigneurs Magnin d'Annecy et Gros de
Tarentaise; et, le même jour, le corps du vénérable défunt fut porté
à Hautecour et enseveli dans l'église de sa paroisse d'origine.

(8) Monseigneur Charvaz est mort à l'âge de 76 ans, 9 mois et
18 jours.

(9) Act. XII, 5.

(10) Act. IV, 25.

(11) Ps. XLV, 7.

(12) S. Bern. de vitâ sancti Malachiæ episc.

(13) Ibid.

(14) Ibid.

(15) M. Roux de saint Jean de Belleville, docteur ès droits, mort
curé du Bourg-saint-Maurice, en 1818.

(16) S. Bern. de vitâ sancti Malachiæ episc.

(17) Ibid.

(18) Ce Chapitre a eu la gloire de fournir douze évêques dans
l'espace de vingt-six ans.

(19) Monseigneur Charvaz venait presque chaque année passer en
Savoie deux ou trois mois de l'été; quand il s'y trouva au jour de la
fête de sainte Anne, qui se célèbre avec un grand concours chez les
missionnaires diocésains du Mont-Ste-Anne, il ne manqua jamais de
s'y rendre pour y prendre part aux solennités de ce jour.

(20) M. le chanoine Portier, alors professeur de philosophie et supérieur du collége de Moûtiers, vicaire général du diocèse depuis 1832.

(21) Vita di Ferdinando di Savoia, par le P. Isnardi, p. 30, 31.

(22) M. le chanoine Antoine Jarre, alors professeur de philosophie au collége de Moûtiers.

(23) Vita di Ferdinando di Savoia, p. 48, 49, 52.

(24) Joan. X, 46.

(25) Goffr. Vind. Epist.

(26) S. Greg. Naz. de sancto Athanasio.

(27) Pont. Rom.

(28) Mgr Pie, Oraison funèbre de Mgr Clausel de Montals.

(29) Mgr Turinaz de sainte mémoire, mort à Saint-Genix après qu'il se fût démis de l'évêché de Tarentaise qu'il avait gouverné pendant vingt-huit ans, a légué son corps à notre cathédrale ; il y fut inhumé le 2 novembre 1869.

(30) M. le comte de Sambuy ministre plénipotentiaire Sarde à Rome eut une grande part à cette acceptation, mais ce furent les conseils du vénérable archevêque de Chambéry qui la décidèrent.

(31) S. Bern. de vitâ sancti Malach.

(32) Luc. V, 4.

(33) Mgr Landriot, Lett. past.

(34) S. Bern. de vitâ sancti Malach.

(35) Lett. past. d'entrée à Gênes.

(36) Ibid.

(37) Mgr Pie, Orais. fun. de Mgr Clausel.

(38) Matth. XXVIII, 19.

(39) Luc. XII, 31.

(40) Matth. V, 14.

(41) Monseigneur Charvaz fit les oraisons funèbres de la reine Marie-Adélaïde et du prince Oddon ; et l'on trouve dans une circulaire, écrite à l'occasion de la mort du duc de Gênes, un magnifique éloge de ce prince. Il fit aussi l'éloge funèbre du marquis Brignole-Sales.

(42) M. l'abbé Henri Jorioz, chanoine de Gênes, compatriote et secrétaire de Monseigneur Charvaz depuis plus de vingt-huit ans. Obligé de rentrer à Gênes pendant que l'archevêque alla passer l'hiver à Hyères, il ne manqua pas d'accourir au Mont-Saint-Michel dès que les infirmités croissantes du vénéré prélat réclamèrent sa présence. Les amis de l'illustre défunt lui doivent une reconnaissance égale aux services qu'il a rendus et aux soins qu'il a prodigués au prélat qui lui avait accordé toute sa confiance.

(43) M. l'abbé Martinet.

(44) Rom. 1, 14.

(45) Prov. XVIII, 24.

(46) S. Bern. in obitu domni Humberti, monachi.

(47) S. Bern. de vitâ sancti Malach.

(48) Chronique du Mont-Saint-Michel; Moûtiers, 1867.

(49) S. Ambr. de obitu fratris.

(50) S. Ambr. de obitu Valentiniani.

(51) Eccli. XLV, 4.

(52) Rom. XIII, 10.

(53) S. Ambr. de obitu Theodosii.

(54) Ibid.

(55) Ibid.

(56) Ibid.

(57) S. Bern. de vitâ sancti Malach.

(58) S. Bern. in obitu domni Humberti.

(59) Ibid.

(60) Ibid.

(61) I. Cor. XV, 55.

(62) S. Bern. in obitu domni Humberti.

(63) Ps. CXV, 15.

(64) S. Bern. de vitâ sancti Malach.

(65) Ibid.

(66) Ibid.

(67) Ibid.

(68) S. Bern. in obitu domni Humberti.

(69) Ps. LXXXVII, 19.

(70) II. Reg. 1, 26.

(71) S. Ambr. de obitu Valentiniani.

(72) S. Bern. de vitâ sancti Malach.

Fin.